소리 가게

문학의전당 · 신작시집

소리 가게

초판인쇄 2010년 10월 13일
초판발행 2010년 10월 16일

지 은 이 문도진
펴 낸 이 김충규
펴 낸 곳 **문학의전당**
출판등록 제387-2003-00048호(2003년 9월 8일)

주 소 121-718 서울특별시 마포구 공덕2동 404번지 풍림VIP빌딩 202호
전화번호 02-852-1977
팩시밀리 02-852-1978
블 로 그 http://blog.naver.com/mhjd2003
전자우편 mhjd2003@naver.com

I S B N 978-89-93481-70-9 03810

*이 책은 시흥시 문예기금을 받아 제작되었습니다.

소리 가게

문도진 시집

문학의전당

自序

쪽빛 동해의 샛바람을 맞으며 자란
금강송으로 지었으면 좋았으련만
변변한 기둥 하나 없이 얼기설기 엮었습니다.
머리와 가슴앓이를 하며
20여년의 세월이 흘렀나 봅니다.
일상의 삶 가운데 가슴으로 다가온 생각들을
곱씹고 되새김질하며 날실과 씨실로 뜸을 들여
멍석을 만들어 펼쳐 보입니다.
십여 년 전 돛단배로 갈바람을 타고
떠나가신 어머님이 그리워집니다.
생전에 어머님의 손에 한 권의 책을
들려 드렸으면 하는 아쉬움으로 남습니다.
생태공원의 생명줄에 농게들의 발짓과
망둥이들의 달음박질하는 정경을 마음에 새깁니다.
소래문학회의 자양분으로 어릴 적의 詩心을
살릴 수 있게 됨을 진심으로 감사드립니다.

2010년 가을에

| 차례 |

1부

2부

3부

4부

1부

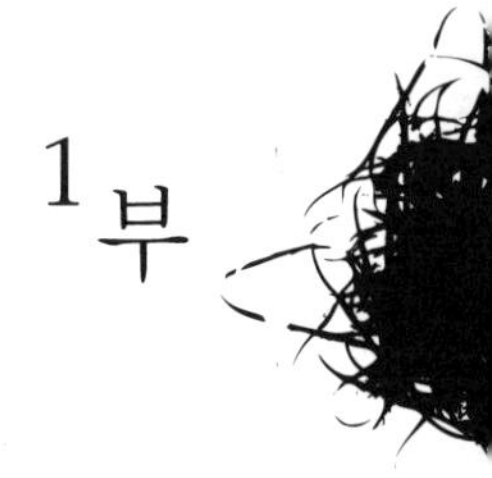

일식日蝕

멀리 떠난 임 기다려
지샌 밤이 얼마런고

반가운 고운 님
부둥켜 안은 팔
갈빗대 주저앉아
한 몸의 반도 남지 않았네

相思에 눈멀어
쳐다볼 수 없는 님이기에
뜨거워진 가슴이
활화산 되어 흘러 내리네

別離의 시간에
마지 못한 하얀 웃음으로
포옹할 그날이 아쉬워
나, 밝음으로 어두워지네

누리 그물

눈 감으면
물안개 사이로 보일 듯
오래전 인간의 꿈들이
씨줄과 날줄
촘촘한 그물 되어
한 덩어리로 묶인다

자판이 타닥일 때마다
미지의 세계로
희망이 이어져
나래를 펼치면
아름다움으로 이어지고

무엇이든 물어보면
척척이인 양
길잡이가 되어주는
누리그물

두드리는 이만이
모든 것을 가진 이라

힘을 주어 소리치니
담장을 사이에 둔 이의
답답함을 어이할꼬

온 누리 생명에
따뜻한 가슴
이어주는
아름다운 끈이기를

삭제

전화번호 찾기
이름으로 찾기
확인
나재열
선택 이름 삭제
휴대폰에서 사라졌다

50년 풍상에
질고의 시간을 뒤로한 채
사라져 갔다

따스한 숨결은
잃어버렸으나
마음에 남아 있는
당신의 그 숨결은
지금도 따스한데

이름으로 찾기로는
그대 이름
부를 수 없지만

그대 이름
목놓아 불러본다
재열아

돌고 다시 돌아온

계절을 돌고
돌아와
새하얗게
단장하고

내 앞에 다시 선
새댁 같은
한 송이 목련

그대 겨울이었나

봄비 내리는 소리에 창 열어보니
잠에서 깨어난 파란 잎이
파릇하게 자라나 단아한 모습 보이며
풀벌레들의 합창하는 소리 아로새기고
뙤약볕 따박따박 쬐더니만
알콩달콩한 열매 풍성히도 맺어
탐스럽게 여물어 가더니
웬 바람이 이리도 무심한지
노을 진 황량한 들녘에 홀로 선 그대여
그대 정녕 겨울이었나
그대 겨울이었나
겨울이었나

과연 나는

조화의 리본이
비바람에
허둥대며 춤추고

여보, 아버지야
내가 사랑하는 동생아
애간장이 끊어지는
비통이 울려난다
아들을 가슴에 묻는다

헌화와 헌작으로 추모하고
영정이 생을 나누었던 곳
두리번거릴 때
운구행렬이 뒤따른다

먼 길 떠나가며
먹구름 내뿜는다
하늘을 우러르다
땅을 굽어보며
남겨진 이들 입에서

허허로운 연기가 날린다

과연 나는

맴돌아 다시 오는

시리도록 아름다운 쪽빛 바다
금방이라도 내달으면
어머니 품처럼 맞아줄 듯
몸서리쳐지게 보고 싶은 어제의 시간

맴돌다 떠나면 이내 다시 돌아오는
그리움과 분노의 기억들을 뒤로 하고
다가서는 상념들

떨어지지 않는
발걸음을 멀리하며
휑한 가슴 쓸어내리고

깊은 곳에서 넘쳐 오르는
기쁨과 환희 속
또 보내야만 하는
아픔이어라

아픔과 고통과 번민하던
인고의 세월을 뒤로 한 채

그리움이 변하여 쓰리도록
파랗게 멍든 가슴 다독이며
다시 돌아오네

이제 마악 다가서는 방랑자여

매미 울음

매에엠
어둠 속
지새웠던 시간이 새롭다

안으로 삭여내며
기다렸던
시간을 잊으려는 듯
몸부림치며
매에에엠

쓰르르르
풀벌레들 노래소리
몸으로 막아 서며
목청을 돋워 대다
바르르 떨다 주저앉는다
구슬프게
목을 놓는다
매에

울음 떠난 자리

가을이 앉아 있다

답장

거름을 뿌렸다
씨를 뿌렸다
땀을 뿌렸다
연인에게 편지를 쓰듯
마음을 꾹꾹 눌러 담았다
서성이던 발자국도 동봉했다

편지요,
하는 소리에
창 열고 내다보니

넝쿨과 어우러진
호박덩이가

답장 되어
돌아왔다

그믐밤

산등성이 넘어
바람이 스쳐 지나간다

동해에서 일어나 가쁜 숨 몰아쉬며
내처 달려온 샛바람
두껍게 차려입은 엄니의 옷
날려 버리려는 듯

장승처럼 서서
지켜야 할 아들의 마음을
아는 듯 모르는 듯

어머님 모시고 떠나갔던
샛바람이 세차게
불어오는 동짓달 그믐밤

오늘따라 어머니 외투가
유난히 차다

그리움

별이 쏟아져 내릴 듯
낙엽 뒹구는 소리
고요를 깨트리는 전원찻집

버선발에 달려 나온 마술피리
나그네의 마음을 잡는다

문지방을 넘나들던 발걸음들
어디론가 사라졌다
메아리 되어
돌아와 앉는

옆에 두고도 그리운 이와
두런대는 정겨움에
시계바늘은 거꾸로 돌고 있었다

마중 나온 달님의 인사
언제 올까 하는 아쉬운 마음
자동차 구르는 바퀴 따라
그리움 묻어난다

이상저온

한 입 베어 물다
아이 싱거워
내동댕이친다

장마전선이
오르락내리락일 때
삽자루 든 잠방이가
잰걸음 친다

햇볕 내리쬘 때
시원한 바람 일고
비바람이 날리면
농심은 갈라진 논바닥 된다

소래포구

저기 소정방을 앞세운
당나라 군대가 파도를 가르며
노 저어 밀려온다

물길 따라 여보란 듯
거드름 부리며
떼 지어 달려온다
내친걸음으로 소래산에 오른다

두리번거리며 군침을 삼키고
백제 땅을 향할 채비를 한 채
여장을 풀어놓는다

신라 무열왕 660년
외세의 힘 빌려 땅 뺏어 보겠다고
당나라군과 손잡으니

백제 망하고
고구려 망하니
삼국을 통째로 삼키려 한다

신라인 분연히 일어섰다

서해 건너 중국
동해 건너 일본
이 빠진 호랑이 러시아
맹방이라 일컫는 미국

이 모두 우리의 위협일세
민족이여 동포여
잠에서 깨어나세

약藥

나에겐 또 다른 일용할 양식이 있다
그것은 누구나 일용하는 양식이 아니다
그 양식으로 인해 나는 호흡을 연장하여 간다
매일 아침마다 식후에 그를 만난 지
벌써 햇수로 4년째다
친숙해지고 지겹기도 하여
이제는 그만 만났으면 하는 마음 간절하지만
그는 나와 이별을 하려 하지 않는다
헤어질 수 없는 운명을 타고났는지도 모른다
그러나 그가 있기에 나는 감사한다
그가 아니었다면 낮은 마음을 가질 수 없었기에
내 몸속 깊숙이 자리한 그를 사랑할 순 없다
어쩌면 그와 이별하는 날
서운함에 마음 아파하며 웃음 지을지 모를 일이다
그가 있기에 내가 있고
그는 나로 하여금 낮아지라고
더욱 낮아지라고

2부

하늘이여

이제 묻어 주소서
날려 보내소서
평강이 임하게 하소서
하늘이여

소올 솔 불던 美風이
한풍이 되어 다가온다
이 상에다 콩 놔라
저 상에다 팥 놔라
놓으라는 대로 놓는다
이 강토 위에
동토에 눌려 숨죽인
한 생명이
이제 다시 비척이며
힘겹게 일어선다
하늘이여

당신은 지금 어디로 가나요

어디로 가느냐
가고 있느냐고 묻는다면
어디로 가고 있다고 하겠습니까

당신의 할아버지가 태어났고
아버지가 살고 있는 곳
이곳이 조국이거늘
당신은
지금 어디로 가고 있습니까
아들을 어디로
보내려 하는가요

어느 하늘 땅에 간다고
그리 편하게 쉴만한 곳이
있는가요

묻습니다

이 땅의 아들이요
핏줄이기에

어디로 보낸다고
흰옷 입은 아들이
아닌가요

힘에 겹게
목숨을 부지하는 부초들도
아버지의 땅에서 몸을 비비고
이름 모를 새들도 때 되면
이 땅을 찾아 돌아오건만
왜 이 땅을 떠나려 하는가요

비바람 불고
천둥 친다고 해도
떠나지 말고
우리 함께 가요
당신은 지금 어디로 가나요

60년 또 다른 60년

비바람과 살 비벼댄 60년의 우토로
가물거리는 기억 끄집어내는
주저리 얽힌 사연들
지난 세월을 기억하면
눈물이 강물 된다

영상으로 만나서 오마니 눈을 떠보시라요
생명 끈을 부여잡은 오마니 말이 없고
터질 듯 숨넘어갈 듯
발 동동 구르며 불러댄다

미국을 사이에 두고
동맹을 강화하라 미군은 철수하라
파편처럼 튀어나오는 단말마의 언어들
허공을 메아리치며 귓전을 맴돌아 간다

들끓는 용광로의 소용돌이
복더위 휘몰아 갈 때
속절없는 매미 잃어버린 시간을 잡으려
목청을 드높인다

그대는 누구를 위해
당신은 누구를 위해
난 과연 누구를 위해

우토로 할매의 담배연기에
기약 없는 또 다른 60년의 시간이
대추나무에 걸려 펄럭인다

한恨

몽롱한 기억과
감내하기 어려운 현실이
엉키고 뒤틀려
피맺힌 한으로 되새김 된다

질기디 질긴 곱창을 씹듯
곱씹 없애려 하나
치아 사이에 끼어들고
목구멍에 걸린 채

캑캑거리며 토해내려 해도
모질게도 달라붙어
떨어지지도 지워지지도 않는 아픔을

피어오르는 담배연기에
멀리 날려 보내려 해도
눈앞에 또렷이 악몽으로 다가온다

모진 호흡은 육신을 부여잡고
넘쳐흐르는 골즙을 되뇌며

탈진하여 허공을 바라보는
할머니

오마니

이른 아침 안개 속 어슴푸레 나타나
햇살의 따사로움에 슬그머니 사라지더니
다시 돌아오지 않아

죽을 힘 다해 되잡으려 하나
육신의 기력이 다하여
혼마저 혼미해지니

흘러간 시간과 공간의 거리가
체념의 수레바퀴로 돌고 돌아
넘지 말아야 할 강을 넘었는가 싶더니

이른 아침 안개 다시 피어오르며
약산의 진달래꽃 활짝 피어나
멀어져 간 기억을 되잡는다

애간장 끊어져 사라진
생각의 실타래를 풀어
다시 얼기설기 얽어매어 본다

이어지는 생각들이 끈 따라 달려가니
피붙이의 가슴을 치며
소리쳐 불러본다

오마니

생명을 넘다

숨결이 보일세라 내딛으며
한 치 앞도 보이지 않는 강을 건너
심장에서 고동쳐
핏줄로 이어진 생명이 넘는다

생과 사의 한계점이
구분 없는 자리에
지폐가 오가며
생명이 월경한다

넘고 또 넘어
가시철조망에 찢긴 살점에는
새싹이 움트고
움푹 들어간 눈에는
사라져 가던 섬광이 스치며
뼈에 붙은 가죽에 따스함이 저민다

뿌리 내릴 곳의 소식을
귀로 맡으며
기약할 수 없는 생명이

볼모로 잡혀 있어도
내일의 땅을 기약한다

만남

희뿌연한 안개 너머로 사라졌던
상념의 조각들을 하나 둘 모아
얼기설기 엮는다

길 잃은 아이
엄마 찾아 헤매는 상기된 심정으로
부둥켜안고 나뒹군다
체념의 그늘 속에 묻혀 있던 고통
광란의 춤을 춘다

눈물겨운 군무들이 사라져 간다
또다시 감당키 어려운
내일의 생각들로 공황에 빠져든다

다시 시작되는 원초적인 고통의
씨앗을 뿌려 놓은 채
돌아서네

그날 이후

순풍에 밀려 마냥 아름다운
그곳으로만 갈 것 같던 조각배

몰려오는 파도소리 예상치 않아
먹구름에 폭풍이 몰아치더니

잘록한 허리에
주름진 살림살이

쓰리고 쓰린
고통의 기억들

혼신의 힘 다해
추스르고 어루만져
내일의 순풍이
다시 부는 그곳을 향해

꽃제비

아련히 다가올 듯한
생과 사의 기로에서

혈육의 정 도려내고
단신의 몸 기약 없는 방랑길

갈라진 땅의 처절한 비통 속에
이 눈 굴려 저 눈 살펴
진창 속의 국수 꼬랭이
초점 맞춰 집어든 손

이곳이 낙원이라
노동자의 천국이라
부질없는 허세들

겨울 찬바람에
거동할 기력 없어
잃어가는 동공의 초점을
잡으려

유랑하는 꽃제비여

* 꽃제비 : 북한 주민중에서 기근에 시달려 부모로부터 식량을 제공받지 못해 길거리에서 식량을 구걸하는 어린이

시간여행

누렇게 빛바랜 사진을 바라보면
과거와 현재의 시간이 오버랩되어
손닿을 듯 떠오를 듯
생각의 계곡 넘어
저편으로 돌아간다

돌고 돌아온 시간의 끝자락에
헝클어진 기억들로
아쉬움과 미련이 범벅되고
달리는 열차 뒤로 날려 보내니
기적소리와 어우러져
메아리 되나니

시곗바늘

덜그러어억 삐그덕
넘지 못해 허덕이는 시곗바늘

째깍째깍 언제부터인가
죽음으로 재촉하고 있어도
끌려가며 깨닫지도 못하는 내 어리석음

부지런히 분침 초침 움직이는 건
내 맥박도 뛰고 있음이니
겸허히 살아야지

옷깃 여미고 시곗바늘 따라가다 보면
마지막 종 치는 순간
그분을 만나게 되겠지

회상

이름 모를 들풀 사이에
피어난 새순들

까까머리 유년시절
진달래, 아카시아, 찔레순을
요기 삼아 뜯어 먹던
기억들

가시 달린 찔레순을 꺾어들고
껍질을 까며
빛바랜 시간을
더듬이질한다

아련한 향기 머금고
되새김질하는 어금니 사이
멀리 떠나있던 유년이

신작로에 날리는 뭉게구름 사이로
아장아장 걸어온다

3부

월정리역에서

남으로 서울 104Km
북으로 나진까지 73Km

쉬임 없이 내달리다
지쳐 누워있는
한 필의 철마

지나간 세월의 발자국을 돌아보고
이어 달려갈 평강고원 바라보며
긴 숨을 몰아쉰다

끊기고 찢긴 가슴 부여잡고
나진에서 환희의 노래 부를
그날을 기약하며

달빛 어린 우물가에서
더덩실 춤출
그날을 그려본다

소리 가게

사라져 가는 뱃고동 소리
기관차가 내뿜는 치이익 소리
이런 소리 파시는가요

개구리 풀벌레 맹꽁이
재잘거리는 소리
한여름 무더위 날려 버리려
시끌벅적하게 울어 대는 매미 소리
이런 소리 파시는가요

봄을 부르는 뻐꾸기 소리
졸졸졸 흐르는 개여울 소리
이런 소리 파시는가요

아스라이 멀어진 기억을 더듬어도
들릴 듯 말 듯한
그런 소리를 파시는가요

이런 소리 저런 소리
저런 소리 이런 소리

이 가게에서는 파시는가요

아니
사랑하는 이의 마음 깊은 곳
사랑한다 했던 그 소리
당신을 사랑하였다고 고백했던
그 소리 파시는가요

아니
어디에서 그런 소리 살 수 있는 가요

철마

땅 끝에서 일어나
삐그덕 덩거덕
한밭 지나 한양에서 숨 몰아쉬고
명사십리 꿈 싣고 철원 지나더니

이젠 길이 끊겨
더는 달릴 수 없어
신탄리에서 되돌아가는 완행열차

고래고래 소리치며
억장이 무너지는 까만 연기
구름 위로 띄우는구나

애틋한 사연 담은 편지
어느 우편 열차에서 타 버렸을까

송아지 팔아 학비 대주신
어머니 소식마저 끊기고
그 학생의 손주가 오늘 중학 졸업식

깨어나야 산다
달밤에 고래고래 소리 지르던
애절한 기적소리
아스라이 사라졌지만

나진 바다에 봄소식 알리려면
새 꿈 열차 곱게 마련해야지

떠나가는 배

갈매기 소리에 장단 맞추어
떠나가는 배

잃어버린 땅 찾으려
애절하게 부르짖던 목소리
아련하게 들려오던 경신년 2월 2일
이 땅에 뿌리내리고
거친 숨소리 이어온 시간

화석이 되어 버린 생각 속에
아들만 사람인 양
딸만 낳은 미운 오리 새끼
이리저리 떼밀려 둥지 잃은 어미 새 되어
까아만 가슴 안고 유랑하는 집시

이산의 혈점들을 가슴에 안고
홀로 월남한 그이와의 만남

꿈에 그려 아로새긴 세 아들 두리둥실
여보소 사람들아 인생지사 새옹지마라카데

풀뿌리 나물삼고 나무껍질 벗 삼으며
한 서린 인생사 신사년 2월 15일
석양빛 등에 지고 정처 없이 길 떠나네

뿌려 놓은 씨앗들
싹 안 날까 애 끓이며
이른 봄에 피어난 꽃
시샘추 위에 떨어질까
50평생 정 붙여온
갈빗대를 여기 두고

이승에서 이루지 못한 끊어진 애간장을
천국에서 다시 만나 이을꺼나
게서 얼싸안고 어기얼싸 돌아보세

임께서 주신 사랑 차고도 넘치건만
눈물로 돌아서다 혼마저 기진해도
새끼 까마귀 먹이 물어
늙은 어미 먹이는데
까마귀보다 못한 불효자식

눈물이 앞을 가리네

힘에 겨운 갈매기 울음소리
수평선 멀리 사라지고
내 사랑 임이시여
부르다가 혼절할 임이시여
여기 쪽빛 바다에 돛단배 띄웠으니
솔솔 부는 샛바람 타고
편안히 떠나소서

On & off line

시간을 넘어
공간으로 이어간다

보이지 않아도 보고 있고
원하는 시간에 만난다

생각의 틀을 깨고
순간에 이루어져
영원으로 내달리는
공간의 꽁무니에서
달음질한다

온라인으로 상면하다
오프라인으로 헤어진다

구분하기 어려운 시간과 공간이
신기루같이 어른거려
뱁새걸음으로 종종거린다

탯줄

모질고 질긴 끈으로 당겨 오면
성급한 마음에 한걸음 달려간다

지루하고도 고생스러운 길
꼬리에 꼬리를 물고 늘어지는
행렬 가운데 몰리면서도
정겨운 품을 그리며 달려간다

다시는 고난의 대열에
서지 않겠다고 다짐을 하면서도
아련한 내음을 추억하며 달려간다

고추를 달랑이며 온 산을 뒹굴던
친구들의 웃음소리 들릴 듯하여
까치발 들고 달려간다

운명의 끈을 잡고 살을 비비며
밥 한 톨에 눈 흘기며 다투었던
피붙이가 있기에 달려간다

고요를 찾아 자궁 속으로 나선다
끊어졌던 탯줄이 엄마 품 속에서
다시 이어진다

홀씨 되어

어디서 왔다가
어디로 가는지

무엇이 되려다
무엇이 되었는지

핏대를 세우며
요란스레 태어나더니

바람이 불자
채비를 서두른다

눌리고 힘든 가슴이
터지려 한다

어디서
무엇을 할꼬

낯선 땅에서
다시 태어날거나

가엾은 홀씨가
바람에 흩날린다

놓아 버린 자

잡을 듯하여 손바닥을 펴보면
아무것도 보이지 않아
아쉬운 마음만 앞세우고

이룬 듯하여 뚤레 살펴보면
이룬 것 하나 없어
허허로운 상념만 채워지네

실한 듯하여 두 팔 들어 흔들어 보니
깊이 찾아온 손님께서 손사래 쳐 아니라 하네
허망한 아픔만 황혼 되어 돌아오고

옆에 계신 듯하여 주인님 하고 불러보니
허공을 치며 메아리 돌아와
내 주인은 어디에 계신고 간절히 불러보네

오호라 부질없는 인간 욕심이
고통의 뿌리로 깊이 박혀
쥐고 쥔 손바닥을 쫘악 벌려
모든 것 내려놓으니

놓아버린 자의 허허로움이
고요 속에 평화롭다

어느 노병의 일기

1954년 7월 27일 국방부장관

강산에 포성 멎은 지
30년 세월이 지나
한 젊은 청년의 이름이
불리운다

미망인과
육십 남짓의 딸이
앞으로 나오고

황망했던 시절의 시간을 뒤로 한 채
조국 위해 산화한
그대의 무공을 기리고자

그 당시 갓난아이였던 이가
화랑무공훈장을 전할 때
한 세대를 뛰어넘은
쓰라렸던 시간이
밀물 되어 몰려온다

박수소리 끊이지 않고
모녀는 헝클어진 기억으로
지난 세월의 애통함이
혼란스럽다

아버지 떠나보낸
그 총성이
딸과 그 딸의 아이에게
지금도 들리고 있으니

하늘문이 열리던 날

태고의 신비와 함께
이 누리에 태어난 지 사천삼백이십구 년
입에서 입으로 우리에게 전해져 온
널리 모든 인간에게 두루 이롭게 되라 하신
그날 그 가르침

유구한 역사의 소용돌이 속에
면면히 이어져 온 조상의 지혜로
아픔과 고통을 감내해 온
우리의 핏줄 위에

때로는 견딜 수 없는 수모와 고통으로
때로는 더불어 살아가는 온 누리 위에
기쁨에 겨웠던 그날의 그 감격들
우리는 들어서 알고 있네
보아서 알고 있네

허리 잘린 아픔의 고통 속에 강원도 산하에
서로의 생명을 노리는 이 처절한 비통함을
우리 지금 보고 있네

느끼고 있네
러시아 영사 최덕근의 절명
우리 지금 보고 있네
아파하고 있네

혼돈과 내몰림에
방황하는 우리 자녀들
시험대에 올랐다 실패로 돌아간 이념에
얽매어 헤매는 젊은이들
자기 주장만이 옳다고
막무가내 우겨대는 어른들
무엇이 무엇인지 분간하기 힘든
무척이나 어려운 현상들

그 무엇들이
우리를 이 지경에 처하게 했는지
우리 알고 있네
생각하고 있네
이 어려움 이제 극복해야 하네
서로가 서로를 안아주고 감싸주고

깊은 마음으로 이해해야 하리
싸매 줘야 하리
사랑해야 하리
분담해야 하리

이 누리에 이 핏줄과 민족을
허락하신 하늘이여
우리 언제까지 어려움에
고통의 한숨 쉬어야만 하나이까
우리는 이겨야 하네
극복해야 하네

혼돈과 암흑 속에서
찬란한 여명의 햇살을 기대하듯
하늘이여 오 하늘이여
하늘문을 열었던 날
칠천만 이 민족 위에
서광의 빛을 내려 주소서

반추反芻

포성이 멎은 지 사 년
할퀴고 피투성이 된 이 땅 위에
애간장 끓는 마음으로 기다리던
새로운 작은 생명이 태어났네

조국 산하 경외로운 존엄과 함께
흙내음 풀내음 이슬 맞으며
선열의 가르침과 보살핌 속에
발을 딛고 일어섰다네

기억 가운덴 없지만
학생들의 울부짖음으로
새로움으로 태어나더니
총과 칼을 앞세워
새로운 정부 탄생시키고

역사의 소용돌이 속에
배고픔과 아픈 현실을 바라보며
내닫고 뒹굴어
이 산 저 강을 누빈 시절

아장거리는 어설픈 걸음으로
눈비 맞으며 걸었던 등하굣길
책걸상 없이 무릎 꿇고 앉아
가나다라마바사

허리띠 졸라매며
굶주림에서 벗어나고자
아침이슬 맞으며 꼴망태 한 짐 지고
바쁜 걸음 내달으며
배움을 더하던
송림 가운데
ABCDEFG

대대 차려
호령하듯 외치던 구령 소리
검은 점 하나 없이 순수하고
여리디 여린 마음
어찌할 줄 몰라 헤매던
사랑의 기쁨

온 동네 골목 누벼
이 표 저 표 이리 몰고 저리 모아
당선되었던 학생회장
이젠 그 시절
이십여 년 전의 일이 되었네

품에 자란 햇병아리
어미 곁을 떠나듯
번민 속에
그 품 떠나려 하나
갈길 몰라 어리둥절
방황하며 헤매었네

광활한 영천 벌의 산야를 누비며
내일의 간성이 되려
무던히도 애쓴 시절
새로움이 새로움을 먹고
새록새록 변모하여
그 이름도 자랑스러운
대한민국 육군 소위

뭇새들 자유로이 넘나들던 휴전선
푸르디푸른 마음으로 바라보던 시선 속에
무엇이 우리를 이렇게 슬프게 하는가
이념 민족 동포 겨레 한반도
지휘관으로 참모로 동분서주 십일 년
오직 민족의 평화를 위해

꿈 못 이루고 밀려 나간
황량한 바다이듯
황폐해진 가슴을 도닥이며
인도하신 이의 인도하심 따라
이제 예까지 왔네

숨 막힐 듯
삶의 달음질 속에서
허락하신 이의 허락하심 따라
시흥 땅의 수문장으로 세우시니
이 얼마나 감사한가
못내 이루지 못한 학문의 열정으로

도전의 길에 들어선지 어언 이 년
만학의 고통 속에 새로운 희망 안고
내일로 나아가네 다가가네

함께 하신 이의 축복 속에
갈비뼈 한 대에 옆에 있는 사람
초롱초롱 해맑은 눈망울의 두 딸
믿음직한 피붙이 둘
이제까지 지켜주신 부모님의 보살핌
이 얼마나 행복한가

이제 불혹의 나이
무엇을 위해 살아왔고
무엇을 위해 살다가랴
앞만 보고 깊은숨 몰아쉬며
내쳐 달려 온 길
이제 옆 보고 뒤보며
내일을 위해 살아가리

여명을 향해 나아가는

이 작은 생명 위에
빛을 내려 주소서

하나님
나의 하나님

그대 있음에

그대의 숨결이 있기에
호흡이 있고

그대의 따스함이 있기에
생명이 있네

그대의 눈동자가 있기에
세상의 길 걸어가네

그대의 다리가 있기에
뒤뚱거리며 따라가네

그대의 손이 있기에
그대 잡고 가네

그대 따스한 가슴이 있기에
나 그대를 사랑하네

그대 있음에
나 여기에

편지

가방 멘 아저씨
언제 올까
까치발하고 툇마루에 섰다

폴폴 날리는 먼지 따라
두 바퀴가 싱싱 달려온다

콩닥거리는 가슴을 다독이며
읽고 또 읽는다

코에 바람을 불어 넣었기에
온기 그대로다

오실 이를 예언했고
오신 이를 얘기하며
다시 오실 이에 대해 말씀하신다

흘린 피를 기억하라 하신
나더러 그의 편지가 되라 한다

4부

변절

강아지의 혓바닥이 떨어진다
모기 떼가 잉잉거린다
매미의 울음소리가 귀를 때린다
도로 바닥이 엿가락처럼 휜다
자동차가 바다로 산으로 뛰어든다

긴소매를 입었다
쓰르라미 울음소리가 하염없다
쪽마루의 창을 닫는다
저녁노을이 눈시울을 적신다
10월의 마지막 밤이 생각난다

어느새 가을이 곁에 와 섰다

2월, 어느 밭의 풍경

하이얀 솜이불 덮고
곤히 잠든 텅 빈 밭

애무하며
간지럼 태우는
엷은 안개

가슴을 파고들며
단잠 깨우는 빗방울

또 다른 잉태를
시작하고 있다

4월, 어느 밭의 풍경

임의 숨결 뜨거워
화들짝 놀란 얼굴
살며시 내밀어

유혹의 손짓이
꽃가루 분장한
벌 나비 부른다

봄인가 했더니
물장구치는 아이들

어찌 잔인하다 했던가
황홀함에 들뜨니
봄에 겨워 헐떡이는데

6월, 어느 밭의 풍경

장맛비가 오락가락하던 날
호미로 콩콩 콩씨를 파종할 때
콘크리트 옥상 난간에 앉아 있던
비둘기가 날아들기 시작했다

양산대를 받쳐 두고 의자에 걸터앉아
꺼우 꺼우 외치는 노인의 외마디에
눈치만 살피더니

작대기 집어던지며
깡통을 두드리자 짝을 지어 날다
옥상으로 내려앉는다

졸음에 겨운 콩씨들
잠에서 깨어 실눈 뜰 때
잠에 빠진 콩씨들 노인 애를 태운다

졸음에 겨운 눈 끔벅일 때
아내가 자리를 차지한다

비둘기 날아 들어
깡통소리 요란한
6월의 햇살이
노인의 가슴을 뜨겁게 하고 있다

10월, 어느 밭의 풍경

타다닥 타다닥
노부부의 막대기가
막대기가 허공을 가를 때
노오란 콩알이 콩콩콩 튄다

땅속에서 끙끙 몸살을 앓던
주먹만 한 고구마가
자태를 뽐낼 때
화롯불 향 그립다

잘닥막한 키 허리를 동여 맨
배추들 열병하는 모습
침이 꾸울떡 넘어가게 한다

6월, 꺼이 꺼이
외쳐대던 노부부의 얼굴 위로
함지박만 한 호박이 매달렸다

두리번거리던 까치 부부는
찬바람 불자

어디로 갈꼬 고민하더니
황망히 날아갔다

12월, 어느 밭의 풍경

꺼이 꺼이
새 쫓던
깡통 소리

타다닥 타다닥
콩 타작하던 소리
배추 허리 동이던
노인네 허리 펴던 소리
찬바람 피해 어디로 갈꼬
두리번거리던 비둘기

모두가 떠난 자리

하이얀 솜이불
한 자락만
뒤척이고 있다

하늘이 내려앉다

까마득하던 하늘이

하늘하늘 하늘거린다

하늘로 치솟다 번득이며
내려온다

내 머리에 내려앉는다

뚜욱 떨어져
천불동 계곡으로 흐른다

바람 물 따라
하늘로 올리운다

내 머리에
하늘이 내려앉는다

가을 노래

가을은 나에게 따사로움 주기에
가을을 노래한다

그래
이제 어쩔 수 없는 가을이라네
목련꽃 화사하더니

그래
어쩔 수 없는 가을이라네
파란 고추 흔들며 물장구치던

그래
이제 어쩔 수 없는 가을이라네
멀뚱거리는 허수아비 우스운

아무렴 그렇지
어쩔 수 없는 가을이라네

봄과 여름이 떠난 자리
가을님이 오셨다

가을을 노래하련다
그래
나에겐 가을이 있다

가을 추억

詩心이 전깃줄에 매달려
그네를 타는 동산

오가는 이의 발목 잡고
씨름판을 벌이고 있다

시간과의 이별이 아쉬워
가슴으로 토해내는 선율이
공원을 메아리치고

성큼 달아나 사라져 간
임 그리며

가슴으로 앓아
예쁘게 다시 태어 날
내일을 꿈꾸고 있다

가을

가신 이의 숨결이
아직도 따스한데

이별의 아픔이
다시 살아난다

상처를 딛고
새 살이 돋아날 그날이
언제일지 몰라도

가을
또 다른 슬픔으로
단풍든다

낙엽우落葉雨

임을 그리는 마음에
갈지자를 그리며
떨어져 내린다

이른 봄 연둣빛 내밀어
요염함 뽐내더니
애달픈 마음 당겨
그리움으로 다가오다

임 향한 마음에
한마디 말없이
뚜우욱 떨어진다

낙엽 맞은 내가
낙엽 되어
임을 향한다

나무

바람 불어와 간지럼 태워도
부러뜨릴 듯이 강한 바람 윽박질러도
거기 선 자리 그대로 있구나

세상의 온갖 풍상 몸으로 받아내어
파란 새 잎 틔우고
영겁의 세월 속
새로운 시간이 다가옴을 알리는

계절의 첨병으로
지난한 삶 가운데
허영과 교만으로 얼룩진 속세의
추하고 얼룩진 물을 마셔도
싫다는 표정 짓지 않고
그 모습 그대로 서 있구나

고추

노란 씨 함초롬 달고
얇다란 순을 내밀어
하늘하늘 자리잡은

농부의 발소리에
화들짝 깨어나
쌩끗하게 웃음 짓고

하얀 꽃 옆구리에 달아
환하게 미소 지으며
빨간 잠자리 꿈꾼다

탄저병 역병이
휩쓸고 지나갈 때

고래고래
허우적대며 아우성이다

총탄 맞아 신음하는
전우 눈 감기우듯

애처로운 가슴
허공을 바라본다

고향

쪽빛 물결 일렁이는
내 고향 동해

통통선에게 물어본다
수평선 너머 저기가 어디냐고

무심한 갈매기만
졸음에 겨운 듯 날갯짓하고

검게 탄 해녀의 두 다리가
쉬임 없이 자맥질하는

청태 파래 진저리 토박
오순도순 얘기하고

백합 골뱅이 홍합 소라
두런두런 속삭이며

문어 오징어 전어 날치
조잘대며 사랑 나누는

그곳이 고향이라
동해라

탯줄 끊어진 갓난아기
엄마 젖을 더듬듯

회상의 더듬이로
휘적휘적 뒤적일 때

알싸한 미역 내음이
코끝을 스치며 지나간다

갯골 공원

고단한 염부鹽夫의
허허로운 연기가
신기루처럼 피어올라
아스라이 사라져간다

소금 바람이 서걱대는 사이로
갯개미취 춤추고
한가로운 망둥이

붉은 왕발 치켜들어
얼씬도 하지 못하게
한낮을 지키고 있다

사라져 버린 창고
흔적으로 남은 기둥이
포클레인 굉음에 허둥댄다

물왕리에서
내만 갯골 따라
생태공원 지나

오이도 貝塚까지
이어진 물길
생명이 펄떡이는

서해의 넓은 희망
갯골 따라 피어올라
알알이 영글어 갈 때

만선한 어부의 콧노래
빠알갛게 여울진 석양
꿈의 노래가 피어난다

주말농장

어디서 왔다가 어디로
무엇이 되었다가 또 무엇으로
우주의 섭리하심에 따라
왔다가 가는

눈길 주지 않고 돌아보지 않던
버려진 대지 위에도
봄은 오고

立夏도 되지 않아 조급함에 못 견뎌
시비하고 갈고 업고 뒤적여
씨 뿌리고 모종내어 땀방울 심어두고
심술궂은 서리 내려
생명 다할까 가슴 졸이는

하늘도 무심하셔
비 한 방울이라도 내려주지
파종된 상추 쑥갓 배추 무우
힘에 겨워 힘에 겨워 나지 않을까

안쓰러워
가슴 졸이는 마음
헤아리기라도 하듯
입하 지나 고추 모종 저 홀로 일어서고
상추 쑥갓 배추 무우 더덩실 춤을 추고

어리 얼싸 좋을씨구
두리둥실 좋을씨구
임도 보고 뽕도 따네
여기가 주말농장

따사로운 햇빛 먹고
대지의 기운 얻어
나날이 새롭다네
무럭무럭 힘이 솟네

어이 김 선생 어이 이 서방
여기와 한 잔 드세
우리 한번 나눠 보세

농심이 따로 있나
심은 대로 거두고
거둔 대로 나눠보세
하늘이여 하늘이여
민초들의 작은 소망
탐스럽게 하소서

겨울나무

삭풍이 불어올 때
아린 아픔
가슴으로 노래한다

겨우내 벌거벗은 채
땅속 깊은 곳에서
따스한 봄날을 기리며
언제나 그곳에 서 있었다

이리저리 오가는
철새들의 날갯짓
온갖 풍상을
몸으로 받아들이며

내어주고 내어주다
썩은 몸까지 다 내어주고
다시 태어난다

| 해설 |

누리그물에 숨결을 불어넣는 자의 생명의식

유종인(시인)

1

'누리' 라는 말에는 우리말 고유의 예스러움도 있지만, 뉘앙스 상 그 지극히 누려야 할 넓고 한량없는 것들을 그러안는 품 같은 게 느껴진다. 그 누리를 그냥 요즘말로 '세상世上' 이라고 별칭하는 것은 어딘지 무람없다. 같은 뜻이라도, 세상이란 말이 평면적이라면 누리라는 말은 입체적이다. 같은 오지랖임에도 불구하고 세상은 비극적 문명의 징후들로 악덕과 기괴함과 무례가 창궐하듯 갖은 용렬한 이미지들과 신드롬으로 확대재생산하는 백화百花 만연체蔓衍體라면, 누리는 퇴락했으나 심지가 깊은 문화의 그늘 속에서 삭혀낸 마음의 고졸함과 드넓고 웅숭깊은 자연의 품성으로 우려낸 오롯한 다솜에의 간결체簡潔體가 있다. 그러나 이즈음에 와서 그 두 말을 대척對擲관계로 마주 세우려는 뜻은 하등에 없다. 세상이든 누리든 그 말 자체에는 이미 포함하거나 배제하려는 어떤 선험적인 전제도 깔려있지 않기 때문이다.

어쩌면 우리는 세상이나 누리라는 말로부터 지극히 멀리해온 자신들을 확인하며, 소시민적인 삶의 양태 그 생활방식에 더 방점을 두고 사는지도 모른다. 그래서 언제부턴가 사람들 대화 속에서는 '세상살이' 라는 말보다 '인생살이' 혹은 '살림살이' 라는 말이 더 회자膾炙된 지 오래인 듯싶다. 사실 별 차이가 없어 보이는 듯하지만 세기말을 넘어 새로운 세기 초를 사는 사람들의 삶의 시야와 폭, 품성이 세상이 아닌 개별적 자아의 앞가림에 더 치중돼 있음을 발견할 때가 많다. '글로벌global' 이나 지구촌 같은 말의 허울은 단순히 정치적인 편의를 위해 급조된 말인지도 모른다. 아이러니하게도 지구촌 사회 전반의 기반시설은 상호교류와 소통이라는 문제를 획기적으로 개선시켰다. 속도의 혁명이 그걸 가능하게 했다. 그런데도 21세기는 전前 세기世紀의 전쟁과 국가적 국지적 종교적 이념적 민족적 불협화음과 갈등을 해결하지 못한 채 새로운 세기의 창조적 화두조차 발견하지 못하고 있다.

거창한 공안公案을 가지고 접근하던 시대는 어쩌면 갔는지 모른다. 원론적인 말이지만, 이 지구 땅별은, 누리라는 말의 위의威儀를 지구촌 모두가 개별적으로 향유하고 실천하는 감각과 사유가 결합된 흥미로운 아이템이 종요롭다. 그러기에 그것이 어떤 형태로든 공유共有되고 연대連帶할 수 있는 인간의 품성과 인식의 결은 아직 시詩의 대지大地에 원형질처럼 남아있다고 믿는다. 어쩌면 이 말의 공소함을 나는 다시 수정하여, 그 누리의 마음을 믿어야 한다, 혹은 그 누리의 마음을 믿을 수 있게 해야 한다, 라는 현재진행형 혹은 미래형 속에 담아둬야 하는지도 모른다. 사람의 마음도 깎이고 패이며 깨지고 썩기 마련이다. 물론 그 반대의 경우와 믿음 속에 우리는 살아간다. 그것은 어디까지이고, 어떻게 조화롭게 연대해 나갈 것인가. 그것이 질박한 문도진 시의 윤리의식과 연결될 수 있을까. 우리는 회의함으로써 발전한다. 한여름 잎 그늘 밑의 달팽이 한 마리의 움직임을 무시해서는 안 된다. 달팽이가 죽으면 끝내 사람도 죽을 수 있기 때문이다.

세상에서 벌어지는, 전체의 참상慘狀을 형상의 참혹함 그 자체에서 원인을 찾는 것은 이미지의 그늘이자 우문愚問의 극치다. 그런데 우리는 그 참혹함의 잉걸불만 끄기에도 바쁘다. 대답이 아닌 것 같지만, 그 화염의 아비규환 쪽으로 마음의 먹구름을 몰아가기라도 해야 한다. 그리고 모두 그 현장의 마을로 비로 내려야 한다. 모두 마음을 식혀야 한다. 그 아름다운 반대쪽에 우리들은 지구촌 최후의 분단국가의 화약고이자, 동시에 시의 채마밭이 많기로 둘째가라면 서러운 한반도의 남쪽에 살고 있다.

2

문도진의 시는 범박하기 그지없다. 수사修辭나 분식粉飾으로부터 애시 당초 멀다. 그리하여 나는 오히려 그의 시의 범박함이 어쩌면 이제껏 시가 본의 아니게 멀리해 왔던 담백함과 진솔眞率함의 한 샛길을 오롯이 열어가는 게 아닌가 기웃거리게 한다. 물론 그의 시 구절에서 보이는 상투적인 언술이 없는 것은 아니다. 그러나 그것은 내가 그의 시에서 보려는 일반적인 품평의 잣대가 아니다. 오히려 나는 그의 범박한 시풍詩風에서 '누리'를 사는 사람의 시간 속에 드리워져있는 풍물과 풍격風格을 새삼 음미할 수 있지 않을까 둘러보게 된다. 그는 단순히 인터넷을 순우리말로 옮긴 '누리그물'에 대해 썼던 것만은 아니다. 내 생각에는, 문도진은 아직도 자신 안에 깃든 생명감각의 누리그물을 자신의 삶 저변으로 좽이그물처럼 던지는 사람으로 여겨진다. 그의 그런 누리그물을 던지는 완력은 아직 약여躍如하고 정직하여 그의 시적 재질을 드러낸다기보다는 그의 품성에 시가 건져 올려지는 형국에 오히려 더 가깝다.

꺼이 꺼이
새 쫓던
깡통 소리

타다닥 타다닥
콩 타작하던 소리

배추 허리 동이던
노인네 허리 펴던 소리

찬바람 피해 어디로 갈꼬
두리번거리던 비둘기

모두가 떠난 자리

하이얀 솜이불
한 자락만
뒤척이고 있다

—「12월, 어느 밭의 풍경」 전문

시인은 다른 여러 오감五感 중에 유독 소리에 민감하다. 어쩌면 풍경은 그 자체로 시각視覺의 차원이고 대상이지만, 화자는 그 풍경의 내밀한 속내를 청각의 차원에서 되새김질하고 있다. 소리가 소리에 반응하고 갈마들며 그것을 다시 소멸과 잔존殘存의 현실로 되돌려놓는다. 애초 처음의 소리는 모두 그 주인이 있고, 그 주인은 소리의 주체로써 당연시되지만, 그 소리가 주체로부터 발성되어 떠나는 순간, 소리는 그 주체의 성격으로부터 떠난다. 소리의 빛깔과 성격과 형태는 이제 그걸 발생시킨 주체로부터 떠나 소리 자체의 자유로운 파동波動을 즐기기 시작한다. 그런데 여기서는 그런 자유로운 소리의 파동이 쓸쓸하다. 이 쓸쓸함의 근원은 어디로부터 오는 것일까. 아마도 그것은 12월의 밭이라는 소멸의 징후가 농후한 시공간과 밀접한 관계가 있을 것이지만, 그에 앞서 그런 누리의 한 변방에 놓인 빈 밭에서 들려오는 소리를 삶의 한 진면목으로 인식하는 화자의 눈길에서 기인하는 것일 것이다. '배추 허리 동이던/노인네 허리 펴던 소리' 는 귀에 들리는 소리일 수도 있고, 상상과 관심의 짐작이 일으킨 들리지 않는 소리일 수도 있다. 그러나 그 소리의 진위여부는 이 시의 맥락이 아니다. 그것은 사실여부와 관계 없는 연민과 연대의 눈길에서 얻어온 풍경의 귓바퀴에 걸린 소리일 것이다. 하여, 현상계現像界의 소리와 심층心層의 소리가 서로 넘나들이하는 지경을 이 소박하고 쓸쓸한 풍경은 하나로 제시한다. 그것은 사람이 아닌 다른 숨탄것인 비둘기의 '두리번거리던' 동작조차 소리의 뉘앙스로 전환시키는 묘미를 자아낸다. 그런데 그 전환의 묘미는, '두리번거리다' 라는 동사動辭가 의태擬態의 감각이지 의성擬聲의 감각은 아니라는데 있다. 무엇보다 화자는 '두리번거리는 비둘기' 를 통해 음성화된 모든 타자他者들에 대한 연민에 마음의 귀를 모으고 있다. 그것은 단순한 감상이 아니라 계절의 순환 같은 자연의 이법理法 속에 놓인 숨탄것들에 대한 어쩔 수 없는 생명의 연대에 기초한다. 그러기에, 파열이나 마찰을 통한 소리의 발성이 아닌 움직임 속에서도 그 고유의 소리를 들여다보는 공감각적 시선이 배어있다. 이건 사유나 감각 이전의 감각이라고 할 수밖에 없다.

따스해지려고 마음먹기 이전에 따스해져 있는 상태를 가졌다는 것, 이건 선천성先天性이면서 후천적인 개벽開闢의 마음자리일 수밖에 없다. 이럴 때 시는 문장 이전에 마음이 된다. 마음 이전에 마음이 있던 경로를 되묻듯이 하늘에 돌릴 수밖에 없다. 우리의 모든 개별적인 자아가 지닌 오음吾音/悟陰일 수밖에 없다. 그러니 내 것이었다고 마음먹었지만 그건 이미 내가 마음먹은 행위를 선점하거나 선택할 수 없었던 마음이었다. 이런 마음이 어디서 이렇게 갈마들었는가, 되짚어보면 그때 가벼운 탄식과 웃음과 슬픔이 또한 갈마들 수밖에 없으리라. 그러니 다시 되돌아보면 우리는 모두 '두리번거리는 비둘기' 처럼 어디로 갈까, 이 세기의 궁벽한 하늘을 다시 올려다 볼 수밖에 없다. 지상의 길은 너무 번다하여 오히려 뻔하다고 밖에 할 수 없는 것. 이때 우리는 우리의 좁은 지구촌 문명의 골목길에서 다시 하늘을 본다. 답장은 그럴 때 놀처럼 깔린다. 해답이 아닌 징후나 예감들이 하루치를 장식한 답장으로 말이다. 그건 불가해한 명정銘旌처럼 하루라는 시간의 관棺을 덮고 어둠속으로 지워져갈 뿐이다. 하지만 문도진은, 그걸 아주 극명하게 드러내는 시편을 보여준다. 자연과 씨름하여—아니 자연과 씨름할 수만 있다면 그건 너무나 즐겁고 고마운 일이다—일궈낸 소기의 유기물들 앞에 입을 통하지 않는 말을 얻는다.

거름을 뿌렸다
씨를 뿌렸다
땀을 뿌렸다
연인에게 편지를 쓰듯
마음을 꾹꾹 눌러 담았다
서성이던 발자국도 동봉했다

편지요,
하는 소리에
창 열고 내다보니

넝쿨과 어우러진
호박덩이가

답장 되어
돌아왔다

―「답장」 전문

연애만큼, 아니 연애시절만큼 상대에 대한 지극한 마음의 순도가 높을 때도 있을까. 그것은 '거름을 뿌리' 고 '씨를 뿌리' 며 '땀을 뿌리' 는 기본적인 성실함 외에 아니나 잘못될까 상대 주변을 '서성이던 발자국' 을 길 위에 꽃처럼 피워내는 시절이 아닐까. 결국 다양한 형태와 여러 대상 간의 다솜은 관심과 접촉의 방식으로 생존과 보호 번식, 또 다른 생명의 잉여로 순환되게 되어있다. 이 말은 곧 죽음에 가장 선량하게 맞서는 인간 본연의, 아니 생명 본연의 고갱이인 다솜의 본능으로 대응한다는 것이다. 그래서, 다솜은 어느 한 편만을 죽도록 편드는 것이면서도 동시에 생명의 보편성에 지극히 편드는 죽음보다 깊은 몰입인 것이다. 로미오와 줄리엣은 그러기에 아직도 죽지 않았다. 그것은 고유명사이면서 보통명사로서의 강신무降神巫이다.

그건 고정될 수 없는 흐름이며, 끝없이 상대와 자신 안에 순환되도록 갈무리하는 청춘의 신기神氣이자 보편의 혈통, 그 피의 숙명인 것이다. 다솜의 일시적인 속성을 과언誇言에 풀었다 할 수도 있다. 그러나 늙어서 아이를 가질 수는 없는 법. 물론 늙어서, 늦둥이를 해맑게 품고 잉태할 수도 있으나, 그것은 드물어서 오히려 해괴한 노역이 따르는 일일 수도 있다. 그러니 다솜, 그 강신무의 기운이 등등할 때 일어나는 남녀상열지사는 더더욱 자연스러운 이법이 아닐 수 없겠다는 말. 그 답장을 사람만이 아닌 모든 사물에게로 확장하여 받아들일 때, 무더운 땀과 쓰거운 고통의 일면을 새로운 노동에의 기운으로 조리차한다 하지 않겠는가. 그것은 어느 날 '창 열고 내다보니' 이법理法이라는 님이 '호박덩이' 로 ' 답장되어' 화자 앞에 현전現前하는 기꺼움인 것이다. 그전에 화자는 자연의 모든 상열지사相悅之事(詞) 앞에 땀 흘리며 북을 주고 거름과 기름을 보태는 매개자媒介者의 수고스러움을 다하였다.

이러한 자연의 이법과 이심전심以心傳心의 이마받이가 소원해지고 적조積阻해지는 나날과 터가 늘어나고 있다면 그것은 분명 난감한 일이다. 자연은 그 시공간에 편재해 있는 삼라만상에게 분별심이 아닌 '답장 되어/돌아왔' 어야 할 보리심菩提心, 그 가나안의 풍성함의 이미지를 육화肉化시킨다. 그런데 이런 것들이 지구촌 도처에서 와해되거나 깨져가는 징후를 접했을 때, 그 요원해진 '답장' 은 메별袂別로 우리의 가슴을 궁핍하게 할 것이다. 그것은 이법理法의 결여缺如이자, 물질의 결핍이며, 생기生氣의 부재로 이어진다.

숨탄것들 모두는 비 온 뒤 땅 위에 넘쳐나는 벌물이라도 엎드려 받아먹고 생기生氣를 얻어야 한다. 분단 민족의 해원解寃 또한 서로를 찾는 오래된 목소리를 서로 생짜로 듣는 일부터 시작해야 한다. 이제는 그리운 서로를 발견한 소리가 도처에서 일어나, 한의 씻김굿 맏잡이 통성으로 모두를 적셔야 한다. 그건 모두가 스러진 뒤가 아닌 모두가 스러지지 않아야 할 작금의 통성이어야 한다. 빗소리만 들어도 시들어 쪼그라들었던 고춧잎과 호박잎은 기지개를 활짝 켠다. 이런 생기의 근원을 방해하는 헤어짐의 고착화를 어서 빨리 소진시키고, 숨탄것들이 자연스레 어울려 살게 기존의 바탕을 개부심하듯 다시 열어야 한다. 그러나 역사적 사회적 큰 틀거지 안에 갇힌 우리들은 그것을 한恨의 응어리로 스스로를 도축하듯 살아왔다. 원론적인 해법은 있으나, 원론을 벗어난 우리 민족 내부의 서로 부대끼는 이데올로기와 고착화된 권력의 편향, 분단문화의 이질성과 경제적 융합의 난맥상 등으로 시간은 격절의 두 땅을 다른 빛깔로 흐르고 흘러왔다. 애초에 원하지 않던 이들에게 일이 닥친 것이다. 그 한 세월은 무겁고 또 힘겹게 흘러가서, 그 땅의 참상은 우리의 어린 세대들에게 이어져버렸다. 시대와 세대가 바뀌어도 이런 문제는 저류底流할 뿐 결국 미체험 세대들에게도 또 다른 형태의 고통으로 와전訛傳되고 있다.

갈라진 땅의 처절한 비통 속에
이 눈 굴려 저 눈 살펴
진창 속의 국수 꼬랭이

초점 맞춰 집어 든 손

이곳이 낙원이라
노동자의 천국이라
부질없는 허세들

겨울 찬바람에
거동할 기력 없어
잃어가는 동공의 초점을
잡으려

유랑하는 꽃제비여

* 꽃제비 : 북한 주민중에 기근에 시달려 부모로부터 식량을 제공받지 못해 길거리에서 식량을 구걸하는 어린이

—「꽃제비」 부분

내 스스로, '그 땅'이라는 이격離隔의 뉘앙스가 느껴지는 지시대명사를 쓴다는 사실 자체도 단순한 일이 아니다. 거기엔 분단 반세기가 넘는 반목의 요철과 굴형이 배어있다. 그런 분단의 시대가 낳은 참상은, '꽃제비'라는 그지없이 예쁜 말조차 그 원래의 뜻마저 망각시키고 은어나 비속어로 전락시켰다. 어찌 저런 곱고 아리따운 말에 굶주림과 기아와 유랑의 참상을 숨겼단 말인가. 그것을 바라보는 화자의 시선은, '국수 꼬랭이'

하나 주워 먹으려고 헤매는 꽃제비인 어린 동포들의 '잃어가는 동공의 초점을/잡으려' 안간힘을 쓰는 안타까움이 배어있다. 그건 그 어떤 이데올로기로 치유할 수 없는 근원적인 동정심, 본원적인 연민에서 출발한다. 어느 한쪽을 낮춰 보며 마음을 베푸는 것이, 흔히 동정이고 연민이라고 하지만, 사실은 그런 분별을 넘어서는 것이 연민이고 동정이다. 거기에 어떤 계급이나 계층은 없다. 그저 똑같은 사람이 처해지지 말아야 할 고통의 처지에 대한 구휼救恤의 알심이 있을 따름이다. 그것은 그대로 지구라는 땅별이 한쪽 병들고 야위는 것을 안타까워하는, 치유와 복원에 대한 생명친화적 접근일 따름이다. 살고 있는 것을, 살아야 하는 것을, 계속 살만큼 살아있게 하려는, 숨탄것들에 대한 넓고 융숭한 마음이 화자의 연민이고 동정이다. 동정이나 연민 같은 사랑의 여줄가리가 없다면, 그래 그런 마음의 발로가 없다면 어떤 물질物質도 일어날 수 없고 누리의 가난한 이들에게 옮아갈 수 없다. 이런 마음의 공동체적 발로와 발현, 거기서부터 추렴된 물질의 수습과 이동이야말로 민족의 오랜 해원解寃의 단초가 될 것이다. 시는 그런 해원의 실마리를 '잡으려' 하고, 흐려지고 풀려가는 어린 동포의 '동공의 초점을/잡으려' 마음을 쓰고 마음을 넓힌다.

어디로 가느냐
가고 있느냐고 묻는다면
어디로 가고 있다고 하겠습니까

당신의 할아버지가 태어났고
아버지가 살고 있는 곳
이곳이 조국이거늘
당신은
지금 어디로 가고 있습니까
아들을 어디로
보내려 하는가요

…(중략)…

힘에 겹게
목숨을 부지하는 부초들도
아버지의 땅에서 몸을 비비고
이름 모를 새들도 때 되면
이 땅을 찾아 돌아오건만
왜 이 땅을 떠나려 하는가요

비바람 불고
천둥 친다고 해도
떠나지 말고
우리 함께 가요

당신은 지금 어디로 가나요

—「당신은 지금 어디로 가나요」 부분

문도진은 새삼 묻는다, 당신은 지금 어디로 가고 있느냐고. 그의 물음은 원초적이면서 현실적이다. 이 시의 표면적인 의구심은 한국이라는 모국을 회피하는 이 땅의 극히 소수인들의 이기심과 무정견無定見에 대한 질타이지만, 그 표층의 물음 아래에는 보다 근원적인 물음이 스며있다. 그의 시편 전반에서 보여지는 바, 생명에 대한 자애慈愛와 연민의 포기, 자연의 이법理法을 훼절毁絕시키는 모든 삿된 짓거리에 대한 인간적 물음을 던지는 것이다. 당신은 지금 어디로 가나요? 이 물음에서 우리는 얼마나 자유로울 수 있는가. 아마 죽을 때까지 이건 가장 낯익으면서도 낯선 화두로 우리들을 새롭게 일깨우고 일으켜 세우는 문장이 될 것이다. '비바람 불고/천둥 친다고 해도/떠나지' 않고 우리 존재의 울타리를 통쾌히 쓰러뜨리며 한밤중에도 때론 통곡처럼 내 가슴을 칠 것이다. 당신은 지금 어디로 가나요. 이 시적 물음의 죽비는 곧 어디로부터 오는가.

문도진이 마음 한켠에 세워둔 이런 청량하고 늠름한 죽비竹扉는 그의 인간적인 소박함이나 정직함에서 우러나온다 여겨진다. 그는 어떤 형태로든 배운 자이지만, 그의 시적 메시지는 그의 제도권적인 배움의 발로가 아니라 그가 인간적인 품성으로 숙성시켜낸 생명체적 앎이자 삶의 연륜에서 길어 올린 생활의 득의得意와 감각이라 풀이할 수 있다. 그래서 그는 지식적인 도량에 상관없이, 생명에 대한 안타까운 연민을 다양한 감정의 뉘앙스로 분화分化시키는 시적 멘트를 구사할 수 있는 것이다. 무엇보다 그는 이런 생명의 아우라를 다양한 시적 층위層位에서 여러 소재를 통해 드러내고 있는데, 그것이 결코 수사적인 차원에서 교묘하고 겉치레의 화장술로만 드러나지는 않는다. 왜냐면, 문도진은 적어도 말을 가지고 분식粉飾하여 자신을 비롯한 상대적인 관계의 사물이나 풍경을 왜곡하려 하지 않기 때문이다. 생명에 대한 절대긍정과 연민의 세월이 그가 이제껏 세상사를 헤쳐오며 견지해온 마음의 처세경處世經이라 할 수 있지 않을까. 그 긍정적 눈길은 첨단만을 구가하는 작금에도 사라졌거나 사라져가는 유무형有無形의 것들에게 선량한 추파를 던진다. 그의 수집벽은 인간적인 낭만과 향수, 삶의 습도로서의 눈물과 그 연대를 가능케 하는 그리움을 추수하는 순정한 것들에의 열정인 것이다.

사라져 가는 뱃고동 소리
기관차가 내뿜는 치이익 소리
이런 소리 파시는가요

개구리 풀벌레 맹꽁이
재잘거리는 소리
한여름 무더위 날려 버리려
시끌벅적하게 울어 대는 매미 소리
이런 소리 파시는가요

봄을 부르는 뻐꾸기 소리
졸졸졸 흐르는 개여울 소리
이런 소리 파시는가요

아스라이 멀어진 기억을 더듬어도
들릴 듯 말 듯한
그런 소리를 파시는가요

이런 소리 저런 소리
저런 소리 이런 소리
이 가게에서는 파시는가요

아니
사랑하는 이의 마음 깊은 곳
사랑한다 했던 그 소리
당신을 사랑하였다고 고백했던
그 소리 파시는가요

아니
어디에서 그런 소리 살 수 있는 가요

—「소리 가게」 전문

문도진에게 있어 낭만은 아직도 현재진행형이 아닐까 싶은데, 그 현재진행형이 한때의 유행적인 낭만이나 재래적인 추억의 소모품이 아닐 가능성은 높다. 그의 낭만성은 아주 현실적이면서도 자연친화력이 농후한데 그 낭만의 현실적인 기초를 '사랑하는 이의 마음 깊은 곳/사랑한다 했던 그 소리'에 귀를 아니 마음을 집중하고 있기 때문이다. 또 세상을 향해서는 은근짜로 '당신을 사랑하였다고 고백했던/그 소리를 파시는가요' 라고 자신에겐 듯 세상에겐 듯 겹소리로 묻고 있는 듯하다. 그러기에 그의 낭만은 결코 현실과 유리된 한때의 유희이거나 청춘의 소모적 연애풍조만은 아닌 까닭이다. 그는 앞서 말했듯이, 세상에 번다하게 얽히고설킨 소음들로부터 진정한 '소리'를 얻어내고자 한다. 그 소리에 대한 진정한 그리움은 어쩌면 앎과 행동이 하나인 '말(씀)' 에 대한 동경도 거느리고 있는 듯 보인다. 하여 진정을 얻어내야만 그것이 우리를 생명으로 살아있게 하고 그 진정의 파동을 통해 생명감을 충전하는 원동력으로 삼을 수 있다, 문도진은 소박하게 진언하고 있는지도 모른다. 나는, 그의 그런 가식 없는 시적 발언, 아니 그의 생명체로서의 투박하나 가식 없는 시어, 아니 그의 말대로라면, 세상에 단 하나밖에 없는 그의 '소리' 에 아무런 문학적 우열이나 품평 없이 동감할 수가 있다.

3

살아있는 생명만이 살아있는 소리의 생명을 낳는다. 이 투박하고 번연한 명제 앞에서 문도진은 아무런 조건을 달지 않는다. 원래 그러하였던 자연 앞에서 우리가 매다는 온갖 조건들이란 너무 용렬하기 그지없고 이악스럽다. 소리는 말하지 않고, 스미듯 일깨운다. 그것이 사람의 말이 아니더라도, 우리는 어떤 꾸미지 않는 '소리' 앞에 마음과 귀를 모으게 되는 것도 그 때문이 아닌가 싶다.

나는 앞서 언급했듯이, 문도진의 시는 요즘 시들의 경향이나 먹물이 든 소위 엘리트 시인 군상들의 시풍과는 상당히 거리에 있다. 어쩌면 지극히 재래적이며 수사적 혹은 문법적 참신성에서 일정한 한계가 있는 것도 사실이다. 그에게 시의 미학적 체계를 발견하거나 새로움 문학적 전위를 읽어내기는 쉽지 않다.

그러나, 나는 문도진의 시가 가지는 진정한 힘은 그의 범박한 진솔함과 생명에 대한 진정성에 두어야 한다고 본다. 시는 결국, 느낄 수 있어야 하고, 그 느낌의 공유는 진솔함에 기초하지 않으면 안 된다 여겨진다. 부연하자면, 삿됨이 없는[思無邪] 마음의 눈길로 늠연히 세상사와 주변을 바라보는 그의 눈길은 지극한 사랑의 평범함이 어떠해야 하는가를 보여준다. 따스하고 때로 아프게 그가 통섭하고 통섭해야 할 누리에 벌려있는 모든 생명들, 그 숨탄것들에 가닿는 정직한 눈길, 그것은 그가 마음의 씨줄과 날줄로 엮은 생기生氣의 누리그물일 터, 거기에 그는 그의 반평생 넘게 숨결을 불어넣지 않았겠는가. 그러므로, 그의 시집은 늦되나 오히려 더 알곡의 알심으로 투박하나 진정성의 맛으로 먹음직스럽다.

나에겐 또 다른 일용할 양식이 있다
그것은 누구나 일용하는 양식이 아니다
그 양식으로 인해 나는 호흡을 연장하여 간다
매일 아침마다 식후에 그를 만난 지
벌써 햇수로 4년째다
친숙해지고 지겹기도 하여

이제는 그만 만났으면 하는 마음 간절하지만
그는 나와 이별을 하려 하지 않는다
헤어질 수 없는 운명을 타고났는지도 모른다
그러나 그가 있기에 나는 감사한다
그가 아니었다면 낮은 마음을 가질 수 없었기에
내 몸속 깊숙이 자리한 그를 사랑할 순 없다
어쩌면 그와 이별하는 날
서운함에 마음 아파하며 웃음 지을지 모를 일이다
그가 있기에 내가 있고
그는 나로 하여금 낮아지라고
더욱 낮아지라고

—「약藥」 전문

그는 때로 아프고, 그 아픔의 소리조차 겸허히 받아들이는 인내심으로 다시 생명의 활기를 일깨우는 소리를 불러낼 것이다. 그 소리가 바로, 그의 시의 든든하고 따스한 전도前途가 되어줄 것이다. 그의 아픔은 그와 주변을 일깨우는 생명의 약藥으로, 문도진이라는 시적 존재를 닦아세우는 처방으로, 그는 모든 숨탄것들의 가슴을 먹먹하게 살리는 청음淸音의 기맥氣脈을 짚어나갈 것이다. 잡초라는 아주 작은 누리그물에 이슬 맺히는 소리에도 그는 이제 소박한 득음得音의 미소를 가질 수 있으리라. 그는 아프므로 아픈 자들은 가장 낮아지는 곳에서 더불어 아플 수 있는 우주의 모음母音에 귀를 모을 수 있기 때문이다.